AF400232

Histoire & Actualité

RICHELIEU

Un cardinal à la tête de la France

Par David Cusin
Sous la direction de Ludivine Péchoux

50MINUTES.fr

ARMAND JEAN DU PLESSIS, CARDINAL DE RICHELIEU

INTRODUCTION

Le cardinal de Richelieu est sans conteste l'homme d'État français le plus connu de l'Ancien Régime (1515-1789). Simple évêque de Luçon en 1606, il tire parti de ses relations, notamment celles qu'il entretient avec Marie de Médicis (reine de France, 1573-1642), pour grimper les échelons du pouvoir jusqu'au Conseil du roi. Ainsi, pendant près de 18 ans, il dirige le royaume de France aux côtés de Louis XIII (1601-1643).

D'abord très méfiant, le roi finit par lui accorder sa confiance, ce qui permet à Richelieu de lancer son vaste dessein politique consistant à pacifier le royaume alors divisé religieusement et politiquement. Son projet comprend aussi la protection des frontières menacées par les Habsbourg d'Autriche et d'Espagne. Mais loin de se cantonner aux éléments présents dans son *Testament politique* – à savoir abaisser les grands du royaume, ruiner les huguenots et combattre la maison d'Autriche –, il s'efforce également de relever le commerce et la marine française, qui sont essentiels pour l'économie.

Souvent décrit comme le modèle du ministre dévoué à l'État, Richelieu n'en reste pas moins un homme habité d'une solide ambition et d'une conviction sans faille. Il n'hésite pas à s'allier aux princes protestants pour contenir l'ennemi autrichien, ou encore à lever des impôts terribles qui laissent la France ruinée pour mener à bien sa politique extérieure. Véritable bourreau de travail, Il meurt à la fin de l'année 1642 rongé par la maladie.

S'il a longtemps été considéré comme l'homme rouge qui chuchotait à l'oreille du roi et le mani-pulait, il a avant tout été un très grand homme d'État qui s'est battu toute sa vie durant pour restaurer la souveraineté royale aussi bien à l'intérieur qu'à l'extérieur du pays. En fin stratège politique, il est parvenu à donner à la France une position de choix en Europe et a préparé la glorieuse ère de Louis XIV (1638-1715).

DONNÉES CLÉS

- **Naissance ?** Le 9 septembre 1585 à Paris.
- **Mort ?** Le 4 décembre 1642 dans la même ville.
- **Apports majeurs ?**
  - Le maintien des frontières du royaume de France contre les Habsbourg d'Autriche et d'Espagne.
  - La recherche de l'unité intérieure et de la puissance commerciale de la France.
  - La restauration de l'autorité royale.
  - La mise en place d'une plus grande centralisation du pouvoir.
  - La création de l'Académie française.

BIOGRAPHIE

UNE JEUNESSE DE GENTILHOMME (1585-1606)

Armand Jean du Plessis est le fils de François III du Plessis (capitaine et grand officier du royaume, 1548-1590) et de Suzanne de la Porte (fille d'un avocat au Parlement de Paris, 1551-1616). Il provient donc, du côté paternel, d'une famille de noblesse d'épée qui possède déjà une certaine notoriété à Paris malgré une situation financière précaire ; et du côté maternel, d'une noblesse de robe ayant acquis des offices.

Richelieu reçoit une éducation élémentaire en Poitou par le prieur de Saint-Florent de Saumur, puis poursuit son instruction à Paris, où il est éduqué par un gentilhomme qu'on destine au métier des armes. Il entre ensuite en 1594 au collège de Navarre pour étudier la religion, la grammaire, les humanités ou encore la rhétorique. Afin de compléter cette formation théorique, il fréquente également l'académie d'Antoine de Pluvinel (premier écuyer du roi et instructeur d'équitation, 1552-1620), dans laquelle il apprend le métier de soldat, la danse et la musique.

Mais, en 1602, son frère, Alphonse Louis du Plessis (1582-1653), destiné à devenir évêque de Luçon, décide de se faire moine et d'abandonner le siège épiscopal, pourtant d'une importance économique capitale pour la famille. C'est donc contraint que Richelieu se tourne vers une carrière ecclésiastique et qu'il devient évêque de Luçon en 1606.

Un homme à femmes ?

Durant ses jeunes années à Paris, Richelieu a plusieurs aventures galantes avant d'entrer dans le clergé. En 1605, il est même traité pour une gonorrhée, un mal répandu à l'époque pour qui allait courir les jupons. Son amour des femmes ne cesse guère lorsqu'il prend les habits de cardinal. Bien au contraire, et les rumeurs lui prêtent nombre d'amantes.

DE LUÇON AU CONSEIL DU ROI (1606-1624)

Cette nomination épiscopale est le point de départ d'une incroyable ascension, même s'il décrit son bénéfice comme « l'évêché le plus vilain, le plus crotté et le plus désagréable de France » (AVENEL (L.-M.), *Lettres, instructions diplomatiques et papiers d'État du cardinal de Richelieu*, Paris, Imprimerie impériale, 1853-1877, p. 24). Son épiscopat lui confère une certaine autorité ainsi qu'un rang important pour son jeune âge, et lui ouvre surtout des perspectives de promotion. Il n'est toutefois pas formé pour cette fonction et doit dès lors compléter ses études par l'apprentissage de la théologie, de 1605 à 1606. Une fois confirmé évêque à Rome par le pape Paul V (1552-1621) en 1607, Richelieu voit sa carrière prendre de la vitesse.

LE SAVIEZ-VOUS ?

Comme Richelieu n'étudie la théologie que pendant un an, il n'obtient aucun grade universitaire (minimum trois ans). Âgé de seulement 21 ans, il ne remplit pas non plus l'âge canonique pour devenir évêque, qui est de 26 ans. Dès lors, pour que sa nomination soit confirmée, il doit obtenir du pape une dispense qu'il va chercher à Rome en 1607 après avoir délibérément menti sur son âge.

Il s'attache alors à Marie de Médicis qui devient sa protectrice et lui fait gravir les échelons. Dès 1614, il devient député du clergé poitevin aux états généraux (assemblées politiques réunissant les trois ordres de l'État), un an plus tard grand aumônier auprès de la future reine Anne d'Autriche (1601-1666), puis ministre des Affaires étrangères au Conseil du roi en 1616. Tombé en disgrâce en même temps que sa bienfaitrice, Richelieu est banni en 1618, mais, en fin négociateur, il parvient à réconcilier la reine mère et son fils, ce qui lui permet de réintégrer la cour. Il occupe dès lors une place de tout premier plan dans le paysage politique du royaume et, pour rajouter à son prestige, il est nommé cardinal à Lyon en 1622 sous l'impulsion de Louis XIII.

Il est à nouveau accueilli au Conseil du roi en 1624, malgré la méfiance du souverain qui le soupçonne de jouer un double jeu entre lui et sa mère, Marie de Médicis. Ainsi débute une forme particulière de gouvernement, le ministériat, car le cardinal est principal ministre et le demeure jusqu'à sa mort.

UN CARDINAL-MINISTRE TOUT-PUISSANT (1624-1642)

À partir de 1624, on voit émerger une monarchie à deux têtes. Si le roi Louis XIII gouverne effectivement l'État, Richelieu fait quasiment figure de second souverain tant les deux hommes agissent de concert avec une confiance mutuelle encore jamais expérimentée. Le cardinal a en effet su convaincre son souverain de sa loyauté et de ses compétences. Dès lors, l'autorité presque absolue qu'il détient, il la doit au roi qui lui concède une confiance de tous les instants.

Dès les premières années de son ministère, Richelieu s'occupe à défendre le royaume, à l'intérieur comme à l'extérieur des frontières. Son grand dessein est de contenir l'expansion des Habsbourg qui encerclent la France de toute part, créant des dissensions au sein même de la noblesse. Il doit également faire face à une division religieuse à l'intérieur du royaume, ce qui réduit sa marge de manœuvre en termes de politique étrangère. En 1628, il se consacre au problème huguenot en faisant, en personne, le siège spectaculaire de La Rochelle, où il fait ériger une immense digue pour priver les habitants de ravitaillement. Il s'agit de restaurer l'autorité royale en réduisant l'opposition des huguenots qui constituent un contre-pouvoir puissant. Fort de ce succès de prestige, Richelieu mène ensuite une ambitieuse politique en dehors des frontières par des alliances avec les ennemis de l'Autriche et de l'Espagne. Sa stratégie, bien qu'efficace, laisse pourtant le pays en proie à des difficultés financières importantes.

Le Cardinal de Richelieu au siège de La Rochelle, par Henri-Paul Motte, 1881.

LES HABSBOURG

Les Habsbourg sont une dynastie originaire de Suisse (Argovie) apparue dans les années 1020 et qui a pris possession d'une grande partie de l'Europe par le biais de mariages, d'alliances et de guerres. Au temps de Richelieu, les Habsbourg règnent sur l'Espagne, les Pays-Bas, une grande partie de l'Allemagne, l'Autriche, la Hongrie, la Bohême, Milan, Naples et la Sicile. Le royaume de France est alors totalement encerclé par cette puissante famille.

Lorsque Richelieu meurt en 1642, probablement d'une tuberculose intestinale, les opinions à son sujet sont partagées et moins unanimes qu'aujourd'hui. Le cardinal a en effet essuyé des critiques durant toute la durée de son ministère. On lui a surtout reproché son ambition personnelle, jugée démesurée, sa pratique du clientélisme à grande échelle, son orgueil et son inflexibilité sur l'autorité royale – qui déplaît aux princes –, mais aussi son programme politique qui a mis le royaume dans une situation budgétaire délicate.

CONTEXTE POLITIQUE, SOCIAL ET ÉCONOMIQUE

UN ROYAUME EN RECONSTRUCTION (1598-1610)

Les dernières années du XVIe siècle ont été particulièrement difficiles pour le royaume. Les guerres de religion, qui ont opposé catholiques et protestants pendant plus de 30 ans (1562-1598), ont dévasté la France et ont divisé la noblesse alors aux commandes. L'épisode le plus connu est sans conteste le massacre de la Saint-Barthélemy, en 1572, perpétré par les catholiques, et qui a fait plusieurs milliers de morts ; Pourtant, les 12 années du règne d'Henri IV (1553-1610, roi de France de 1598 à 1610) jettent les bases du siècle d'or français. Le pays est reconstruit à l'initiative de deux huguenots, Barthélémy de Laffemas (économiste, 1545-vers 1612) et Maximilien de Béthune (homme d'État, 1559-1641), qui engagent des réformes efficaces en matière de fiscalité, de budget ou encore d'économie.

La reconstruction matérielle ne doit cependant pas prendre le pas sur la question religieuse. La santé économique du royaume est en effet tributaire de la paix spirituelle. En 1598, Henri IV promulgue l'édit de Nantes, qui instaure la tolérance religieuse. Aussi, définit-il surtout les limites du culte protestant dans le royaume et, de fait, institue un État dans l'État. Il permet toutefois d'éviter que d'autres combats armés aient lieu et pousse les ecclésiastiques à envisager, par la prière, de résoudre le problème huguenot en les convertissant. Il intervient par ailleurs à une période charnière pour le catholicisme, alors que les effets de la Contre-Réforme, initiée en réaction au mouvement protestant, se font clairement ressentir, si bien qu'on peut parler d'un renouveau catholique. Les prélats nommés – dont Richelieu fait partie – sont pour la plupart imprégnés de cet esprit réformateur et gèrent leur diocèse comme de parfaits évêques tridentins, soucieux de la conduite des âmes.

En réaction à la Réforme protestante et afin de réformer l'Église catholique, Paul III (1468-1549) promulgue en 1536 une bulle qui convoque un concile œcuménique majeur dont la première séance se tient le 13 décembre 1545 à Trente (Italie). Après 25 sessions, la Contre-Réforme, qui met notamment l'accent sur une plus grande discipline ecclésiastique, une formation systématique des clercs dans les séminaires, l'obligation de résidence des évêques et l'importance des visites pastorales, est adoptée. Le concile confirme également les points dogmatiques discutés par les protestants tels que le culte des saints et le péché originel.

LA RÉGENCE DE MARIE DE MÉDICIS (1610-1617)

À la mort d'Henri IV, assassiné le 14 mai 1610, Louis XIII, qui doit lui succéder, n'a pas encore neuf ans et ne peut assurer la direction du royaume. C'est donc à la reine mère,

Marie de Médicis, que revient cette charge. Celle-ci gouverne avec l'aide du clan italien présent à la cour de France, et notamment avec celle de son favori, Concino Concini (1575-1617), qu'elle comble de privilèges. Mais la politique menée par la reine et ce dernier ne fait pas l'unanimité au sein de la noblesse et du peuple. L'Italien, clairement haï, traîne une réputation d'intriguant et de parvenu.

La paix intérieure restaurée par Henri IV est en outre soumise à d'âpres tensions lorsque Marie de Médicis décide de se rapprocher des Habsbourg en unissant Louis XIII à l'infante d'Espagne, Anne d'Autriche. Cette décision déclenche le mécontentement des protestants, qui craignent pour leur liberté religieuse – les Habsbourg étant des catholiques intransigeants –, mais également des parlements, très attachés au principe du gallicanisme, qui craignent quant à eux que ce rapprochement entraîne une application stricte du concile de Trente comme en Espagne.

Le gallicanisme

Le gallicanisme est une doctrine religieuse et politique visant à contester l'autorité absolue du pape sur l'Église de France. Il se manifeste de plusieurs façons :

- le gallicanisme religieux affirme la supériorité des conciles sur les papes ;
- le gallicanisme royal impose le roi comme dirigeant temporel de l'Église française ;
- le gallicanisme parlementaire rejoint les mêmes objectifs, peu ou prou, que le gallicanisme royal.

Cette idéologie prend une importance réelle aux XVIIe et XVIIIe siècles alors que la papauté cherche à appliquer les décrets du concile de Trente sur le territoire français.

Les grandes familles de la noblesse désavouent également la politique de la reine, jalouses de la place accordée à Concini. Malgré tout, celui-ci résiste aux oppositions et continue de gouverner en s'entourant de ministres capables, dont Richelieu qui entre, le 25 novembre 1616, au secrétariat d'État pour la Guerre et aux Affaires étrangères. L'Italien agit cependant de plus en plus comme un despote et son triomphe ne dure pas longtemps.

L'AFFIRMATION DU ROI (1617-1624)

En 1617, Louis XIII, bien que roi depuis la mort de son père, n'a encore jamais approché les hautes sphères de l'État. Tenu à l'écart par la reine mère et Concini, il fait presque figure d'étranger à la cour de France et la noblesse ignore beaucoup de lui. Le 24 avril de la même année, c'est donc un véritable tour de force que le jeune souverain réalise, alors qu'il n'a que 16 ans. Lui que tout le monde pense faible et maladif soulève un coup d'État contre sa mère et son favori, avec l'aide de son maître de fauconnerie qui deviendra son propre favori, Charles, marquis d'Albert et duc de Luynes (1578-1621), et de Claude Guichard Déageant (conseiller du roi, 1574-1645). À la grande joie du peuple, Concini est assassiné ce jour-là devant le palais du Louvre par le marquis de Vitry (1581-1644). La reine mère ainsi que ceux qui la soutiennent doivent quitter le Gouvernement et s'exiler en province, à Blois.

Un favori en remplaçant un autre, Luynes prend naturellement la place de Concini et se voit comblé de faveurs par le roi qui récompense grassement ceux qui l'ont soutenu. Mais Luynes devient rapidement aussi détestable aux yeux du peuple que Concini. Les grands ne le soutiennent pas et sa politique étrangère mécontente la reine mère qui fuit le château de Blois pour rejoindre le gouverneur d'Angoulême, Jean-Louis de Nogaret de la Valette (1554-1642), qui lui est resté fidèle. Louis XIII fait alors assiéger Angoulême afin de mettre au pas le duc et Marie de Médicis. De son côté, Luynes préfère négocier et, par l'entremise de Richelieu, un compromis est trouvé et concrétisé par la paix d'Angers en 1619. La mère et le fils sont réconciliés.

Ainsi libéré des troubles liés à la rébellion de la noblesse, le roi peut s'attaquer au problème protestant en Béarn et en Navarre, des territoires majoritairement huguenots où les évêques n'ont pas encore récupéré leurs biens temporels. En 1621, il se rend en Guyenne pour assiéger Clairac et Montauban. Luynes est également du voyage, mais il meurt de la scarlatine le 15 décembre 1621, laissant le champ libre à la

TEMPS FORTS

SES PREMIERS PAS EN POLITIQUE (1614-1617)

L'efficacité du gouvernement épiscopal que Richelieu met en place dans son diocèse le fait connaître dans tout le royaume. En outre, il profite de ses voyages pour accroître son réseau de relations, notamment à Poitiers où il fréquente la cour de l'évêque Mgr Chasteigner de La Roche-Posay (1577-1651). Il se rend également à Paris à plusieurs reprises, en 1610 et en 1612, et y prêche devant le roi et Marie de Médicis. Sa réputation est telle que, lorsque les troubles politiques éclatent en 1614, il est choisi pour être le représentant des évêchés de Poitiers, de Luçon et de Maillezais aux états généraux, et surtout pour être le porte-parole du clergé lors de la clôture des états. Il se fait remarquer de la reine et, en 1615, Marie de Médicis lui promet une charge d'aumônier de la future souveraine, Anne d'Autriche.

Si ce poste n'a pas véritablement de valeur, il le fait toutefois entrer dans le cercle de la reine mère qui lui confie probablement un poste de conseiller d'État en 1616. La première mission dont il est chargé par la régente est d'ordre diplomatique. Il doit se rendre à Bourges afin de négocier avec Henri II de Bourbon-Condé (pair de France, 1588-1646) la fin de sa sédition et son retour à Paris. Richelieu parvient à ses fins et Condé revient à la cour. Sa réputation de diplomate est désormais acquise et, le 25 novembre 1616, il est nommé ministre des Affaires étrangères au Conseil du roi.

LA DISGRÂCE (1617-1622)

Sa première expérience politique est de courte durée puisque, lorsque Concini est assassiné le 24 avril 1617, Louis XIII congédie le cercle proche de Marie de Médicis qui a gouverné avec le favori détesté. Richelieu est donc contraint de s'exiler en 1618 en dehors des frontières de France, et se rend à Avignon, alors terre papale. S'il suppose que cela met un terme à sa carrière politique, pourtant commencée sous de bons auspices, il reste cependant à l'affût de la moindre opportunité. Bien lui en prend puisque, lorsque la reine s'enfuit à Angoulême pour prendre la tête d'un soulèvement aristocratique avec l'aide de Jean-Louis de Nogaret de La Valette, le duc de Luynes fait appel à lui pour jouer le négociateur avec le camp rebelle. Richelieu parvient à réconcilier Louis XIII et Marie de Médicis, et devient par cet exploit le diplomate essentiel de la monarchie. Par le traité d'Angoulême de 1619, qui signe la fin de la querelle entre la mère et le fils, il obtient le gouvernement de l'Anjou pour la reine, ainsi que la libération du prince et de la princesse de Condé. En juin 1620, à l'instigation de la reine mère, une nouvelle rébellion éclate dans l'Anjou, le Maine et la Normandie. Louis XIII intervient en personne en Normandie, tandis que Richelieu est envoyé à Angers pour y négocier un traité de paix le 10 août. Celui-ci confirme à Marie de Médicis le droit d'approcher librement le roi et contient, pour lui, la promesse secrète du chapeau de cardinal.

Richelieu possède alors plus que jamais le soutien de la reine mère, mais peine encore à gagner la confiance du roi qui ne voit en lui que l'exécutant de Marie de Médicis, elle qui ne se soumet que de façon relative à l'autorité de son fils. La mort du favori de Louis XIII, le duc de Luynes, changera la donne.

LA MONTÉE AU POUVOIR (1622-1624)

Après la mort de Luynes, Marie de Médicis entre au Conseil du roi en janvier 1622 et agit en faveur de Richelieu, à qui elle doit beaucoup. Si Louis XIII reste craintif, il finit par approuver la nomination de Richelieu à la dignité de cardinal le 5 septembre 1622. Mais le chapeau de cardinal n'est en fait qu'une consolation pour lui puisque Louis XIII, qui renouvelle ses ministres la même année, ne l'appelle guère malgré la confirmation de ses qualités. Richelieu se contente alors d'agir dans l'ombre, en suggérant à Marie de Médicis d'inciter le roi à suivre une politique extérieure ferme, en opposition avec la politique menée par Pierre Brulart (secrétaire d'État aux Affaires étrangères, 1583-1640). Ayant pris connaissance des succès des Habsbourg qui mènent une politique agressive contre les princes protestants d'Allemagne, Richelieu s'attaque directement à Pierre Brulart en faisant publier des libelles qui remettent sérieusement en cause les compétences du secrétaire d'État. Le cardinal estime en effet qu'il est désormais temps de s'atteler à la création d'un réseau d'alliances durables afin de permettre à la France de peser dans la diplomatie européenne. Le roi comprend bien cela et, agacé, il renvoie le chancelier Nicolas Brulart (1544-1624) et son fils Pierre Brulart en février 1624.

Toujours méfiant, le roi finit tout de même par appeler Richelieu au Conseil à Compiègne en avril 1624. Le cardinal s'engage alors totalement auprès du roi. Ravie, Marie de Médicis pense avoir trouvé un partenaire de choc par l'intermédiaire duquel elle pourra gouverner, mais Richelieu est bien décidé à servir son souverain et à lui montrer une fidélité indéfectible. Son heure de gloire arrive lorsque le ministre principal de Louis XIII, Charles Ier de La Vieuville (surintendant des Finances, 1583-1653), se compromet avec l'ennemi espagnol. Alors que les pamphlets pleuvent à son sujet, le roi le fait enfermer à Amboise le 13 août 1624 et propose un remaniement ministériel. Il nomme alors Richelieu chef du Conseil, octroyant ainsi au cardinal une place de choix : c'est désormais lui qui dirige les affaires du royaume, conjointement avec Louis XIII.

LE DIFFICILE EXERCICE DU POUVOIR (1624-1626)

Richelieu prend ses fonctions alors que la France est dans une position délicate. Les opposants sont nombreux aussi bien à l'intérieur – les huguenots – qu'à l'extérieur des frontières – les Habsbourg. Même s'il est le principal ministre, Richelieu doit composer avec les autres membres ministériels dans la conduite à tenir. Il essaie toutefois de contrôler l'ensemble du gouvernement en délivrant des missions à ses partisans, tels que François Leclerc du Tremblay (1577-1638) ou encore Fancan le pamphlétaire (1576-1628). Les premières décisions de son ministère suivent la politique de son prédécesseur. Il conclut le mariage d'Henriette-Marie de France (fille d'Henri IV et reine consort d'Angleterre, 1609-1669) et de Charles Ier d'Angleterre (1600-1649) qui a pour objectif de rapprocher les deux royaumes.

En parallèle, Richelieu s'attaque à sa plus grande affaire : lutter contre la maison d'Autriche, qui représente à ses yeux le danger le plus imminent pour la France. Il engage tout d'abord une lutte diplomatique qui se traduit par des subventions accordées aux Hollandais, en perpétuelle tension avec les Habsbourg, et au chef de guerre protestant Ernst Von Mansfeld (1580-1626). Il tente ensuite de conclure des alliances avec des princes dont les intérêts convergent, notamment avec le protestant Christian IV du Danemark (1577-1648) et le duc de Savoie Charles-Emmanuel Ier (1562-1630) qu'il dirige contre Gênes, alors alliée des Espagnols. Mais ces premiers combats doivent être mis en suspens à cause des troubles intérieurs causés par les huguenots qui sont hâtivement réglés par un statu quo qui ne contente personne (la paix de La Rochelle en 1626).

1626 est décidément une année bien difficile pour Richelieu qui déjoue également le premier complot contre sa personne, la conspiration de Chalais, à l'initiative de Marie de Rohan (1600-1679). Il s'agit de mettre à mal le mariage de Gaston d'Orléans (frère cadet de Louis XIII, 1608-1660) et de la plus grande héritière terrienne du royaume, Marie de Bourbon-Montpensier (princesse de sang, 1605-1627), voulu par Louis XIII et Richelieu. L'union déplaît en effet à certains grands du royaume car elle est susceptible d'engendrer un nouvel héritier à la couronne de France. Henri de Talleyrand-Périgord, comte de Chalais (1599-1626), se dévoue, par amour pour Marie de Rohan, pour exécuter le funeste dessein. Dénoncé par son oncle Jacques d'Estampes de Valençay (militaire et homme politique, 1579-1639), Chalais est arrêté et décapité le 19 août 1626. Un grand nombre de nobles sont compromis par l'affaire qui a pour principal résultat de renforcer la relation du roi avec son ministre et d'accorder à ce dernier l'important soutien de Bourbon-Condé ainsi que des appuis marqués au Conseil du roi. En outre, le souverain lui fournit une garde personnelle afin d'éviter toute nouvelle attaque.

UNE GARDE PERSONNELLE QUI INSPIRE ALEXANDRE DUMAS

Suite à la conspiration de Chalais, un brevet royal octroie à Richelieu une garde composée de 50 hommes à cheval ainsi que des officiers pour les diriger. Ces gardes personnels, qu'Alexandre Dumas (écrivain français, 1802-1870) dépeint comme les ennemis larvés des gardes royaux dans Les Trois Mousquetaires (1844), n'entretiennent pourtant aucune rivalité avec les mousquetaires du roi. Les deux compagnies n'ont pas les mêmes prérogatives. En présence du roi, la sécurité du cardinal est assurée par la maison royale. Sa garde personnelle intervient davantage lors de ses déplacements ou lorsqu'il se trouve dans ses domaines.

DE SUCCÈS EN SUCCÈS (1626-1630)

Afin de calmer l'orgueil des grands, Louis XIII prend une série de mesures fermes à l'encontre des nobles récalcitrants. Il supprime ainsi certaines charges héritées du Moyen Âge comme la connétablie et en rachète d'autres comme l'amirauté, pour permettre à Richelieu d'avoir des pouvoirs plus étendus. Celui-ci applique de manière inflexible les lois, notamment en ce qui concerne les duels, alors interdits et qu'il réprime sévèrement. L'exemple de François de Montmorency-Bouteville (gentilhomme, 1600-1627) est éloquent.

François de Montmorency-Bouteville est décapité pour avoir livré plusieurs duels, pratique alors interdite par la loi car, en plus de troubler l'ordre public, elle saigne incontestablement la noblesse, au grand dam de l'État qui perd ses officiers. Si les duellistes sont rarement condamnés à la peine capitale, Richelieu et Louis XIII sont cependant inflexibles, malgré l'intervention de plusieurs membres de la haute noblesse qui demandent grâce pour le gentilhomme. La sévérité de cette condamnation exemplaire, qui participe au renforcement du pouvoir royal, peut aussi être expliquée par la mort du frère de Richelieu en 1619, tué au cours d'un duel.

Alors que Richelieu possède une autorité incomparable, le roi lui confère en octobre 1626 une nouvelle charge, celle de grand maître, chef et surintendant de la Navigation et du Commerce de France. Cela lui permet d'envisager de réformer la marine, qu'il juge indispensable à la grandeur de la France. Louis XIII lui octroie également de larges bénéfices, la Bretagne et le poste de gouverneur du Havre et de Brouage.

Libre de ses mouvements et sûr de sa puissance, Richelieu peut dès lors s'occuper du problème huguenot laissé en suspens à La Rochelle. La guerre qu'il entreprend pour mettre au pas la ville débute en juillet 1627 et se poursuit jusqu'à la Toussaint 1628. Son éducation militaire lui permet de mener la fin du siège. Inflexible, il construit une digue pour empêcher la ville de recevoir le ravitaillement anglais. Commencée le 10 septembre 1627, la guerre s'achève le 28 octobre 1628. Dès le lendemain, le roi fait son entrée victorieuse dans la ville. Les remparts sont rasés, les églises et l'évêché rétablis, mais le culte protestant est maintenu, ce qui suscite la colère des dévots. Malgré la mansuétude de Richelieu à La Rochelle, le parti huguenot, qui continue à créer des dissensions, est abattu à Privas et dans les Cévennes. La ville de Privas est prise et ses défenseurs exécutés ou envoyés aux galères. Le 28 juin 1629, la paix d'Alès est signée. Si elle maintient l'édit de Nantes, elle abolit les privilèges politico-militaires des protestants, ce qui marque la fin de l'État dans l'État.

Par ces affaires, Richelieu se montre actif dans tous les domaines, aussi bien militaire que diplomatique et religieux. Il est plus que jamais le prolongement de la volonté royale, mais il doit affronter une foule de mécontents, au premier rang desquels la reine mère et les dévots, irrités par la paix trop tolérante d'Alès.

L'ANNÉE CHARNIÈRE (1630)

L'année 1630 est essentielle dans la carrière de Richelieu et correspond au temps des épreuves. Les affaires en Europe se compliquent et la France est touchée de plein fouet par deux maux : la peste et la disette, qui affaiblissent inévitablement le pays.

En outre, la succession de Mantoue vient également perturber l'ordre intérieur. À la fin de l'année 1627 s'ouvre une crise successorale dans la ville italienne qui doit choisir entre deux prétendants : le candidat espagnol Charles-Emmanuel de Savoie (1562-1630) et le candidat du roi de France, son vassal Charles Ier de Gonzague (1580-1647). La ville de Mantoue est fief d'Empire et les Espagnols pensent avoir un droit de regard sur ses affaires, mais le roi de France ne veut pas laisser une position aussi importante entre les mains de ses ennemis. Cette affaire atteint son paroxysme lorsque la France occupe la Savoie en réaction à la prise de la ville italienne par l'empereur d'Autriche. Une trêve est finalement conclue par l'envoyé du pape, un certain Mazarin (prélat et futur homme d'État, 1602-1661), qui satisfait tout le monde. Richelieu remarque l'habileté politique de Mazarin et décide de le faire entrer à son service à partir de 1639. Peu à peu, son nouveau protégé parvient à gagner la confiance du cardinal au point que celui-ci voit en lui un possible successeur politique. Grâce à Mazarin, la France garde Pignerol, une place stratégique d'importance, et le Montferrat est partagé entre le duc de Savoie et le candidat français, Charles Ier de Mantoue.

C'est à l'intérieur du royaume que Richelieu doit affronter les plus grandes oppositions. Marie de Médicis ne soutient en effet pas la politique extérieure du cardinal – le duc de Savoie et le roi d'Espagne étant ses gendres. Les 10 et 11 novembre 1630, la reine mère et tout un parti d'intrigants tentent avec véhémence de convaincre Louis XIII d'écarter Richelieu du pouvoir en lui faisant de nombreux reproches lors du Conseil. Au nombre de ses opposants figurent Michel de Marillac (garde des Sceaux, 1560-1632), auquel la reine promet le ministériat, mais aussi les habituels grands ambitieux, Gaston d'Orléans et Charles Ier de Guise (1571-1640). Louis XIII, désemparé, s'enfuit sans un mot dans son relais de chasse de Versailles pour être à l'écart de toute cette agitation, faisant croire qu'il approuve les reproches faits à l'encontre du cardinal. Après avoir remarqué le départ du roi, celui-ci se rend à Versailles de manière impromptue pour s'entretenir avec lui. Il y est reçu comme un ami par le souverain qui se décide à anéantir le parti de la reine mère. Il refuse donc la démission de Richelieu, qu'il confirme dans ses fonctions. D'abord recluse dans ses appartements, Marie de Médicis refuse toute tentative de réconciliation et s'enfuit à Bruxelles en 1631. Elle ne reverra plus jamais le roi. Les autres complices ne connaissent pas de meilleur sort : Louis de Marillac (maréchal de France, 1572-1632) est exécuté et son frère Michel de Marillac (1563-1632), chef du parti dévot, est emprisonné. Gaston, le frère du roi, fuit à Orléans puis à Nancy, et le dernier partisan de la reine mère,

Charles Ier de Guise, quitte la France pour l'Italie.

L'opposition est totalement anéantie. Profitant de ce contexte favorable, Richelieu nomme ses hommes de confiance à des postes importants laissés libres par l'exode massif des grands. Ce retournement de situation est tout à fait étonnant et un observateur de l'époque, Guillaume Bautru (comte de Serrant et agent diplomatique de Richelieu, 1588-1665), surnomme cette journée « la journée des dupes ». Pour affirmer sa nouvelle puissance, Richelieu commande au peintre officiel de la cour Philippe de Champaigne (1602-1674) plusieurs portraits de lui en habit de cardinal.

UNE POLITIQUE AMBITIEUSE (1630-1642)

Richelieu, un grand bâtisseur

Le cardinal a également marqué son époque visuellement. Il est à l'origine de nombreuses initiatives architecturales, et certaines des institutions ainsi que des bâtiments les plus prestigieux du pays sont à mettre à son actif. Ses constructions peuvent être divisées en trois groupes : les édifices qu'il a entrepris en tant que chef politique, ceux réalisés en tant que seigneur (duc et pair de France) et ceux bâtis en tant que dirigeant ecclésiastique. Le célèbre Palais-Cardinal (actuel Palais-Royal) n'est qu'un exemple parmi tant d'autres des bâtiments dont il ordonne la construction en tant que chef politique. Il fait également réparer ou rénover des demeures comme Rueil ou Bois-le-Vicomte. En tant que seigneur, Richelieu fait bâtir un somptueux château dominant le paysage et le nouveau village qu'il crée et qui porte son nom, transformant ainsi le chétif domaine familial en un magnifique fief. Son activité architecturale s'étend également au domaine religieux. En évêque soucieux de la Contre-Réforme, il finance entièrement deux églises : Sainte-Ursule de la Sorbonne à Paris et Notre-Dame de Richelieu. Les dépenses qu'engendrent ces chantiers sont absolument colossales. À titre de comparaison, le chantier du Louvre aurait coûté deux fois et demi moins cher que celui du Palais-Cardinal !

Il serait bien trop long d'évoquer toutes les réalisations architecturales du cardinal tant celles-ci sont nombreuses et s'étendent à des domaines variés (religieux, militaire, culturel, politique, etc.). Cependant, certaines de ses constructions ou de ses initiatives marquent durablement le pays, notamment la création de l'Académie française qu'il institue officiellement en 1635 afin de fixer la langue française et de la réglementer.

Les mécontentements populaires

Les 12 années qui suivent l'affirmation de son pouvoir lui permettent d'assouvir ses ambitions politiques. Le gouvernement étant composé en intégralité de personnes qu'il a lui-même désignées, il ne rencontre aucune opposition. Il exerce ainsi sa diplomatie partout en Europe et fait de la France une nation très active, présente sur tous les fronts. La raison d'État prévaut dans bon nombre de cas et la préférence pour une guerre « couverte » est occultée au profit de la guerre ouverte dans bien des situations. Alors que la France n'était jusqu'alors pas directement intervenue dans la guerre de Trente Ans, débutée en 1618, Richelieu décide en 1635 d'entrer en guerre, jugeant l'hégémonie prise par la dynastie des Habsbourg vraiment inquiétante en Allemagne. Les succès militaires remportés aux batailles de Corbie (1636), de Brisach (1638), d'Arras (1640) et de Turin (1640) ainsi que la conquête du Roussillon (1642) ouvrent la voie à une paix très favorable avec l'empereur. Mais une telle politique engendre forcément des dépenses importantes, et la France se trouve rapidement dans une situation très délicate. Pour y faire face, de nouveaux impôts sont levés, une nouvelle monnaie est battue – le louis d'or –, et la contribution du clergé aux finances royales se voit augmentée. Autant d'expédients qui traduisent une santé économique précaire pour un budget toujours en déficit.

Tout au long de son ministériat, le cardinal doit affronter une série de révoltes populaires.

Les plus marquantes ont lieu en Bourgogne en 1629-1630, en Gascogne en 1636, en Normandie en 1639 et en Bourbonnais en 1640. Ces soulèvements sont dus principalement à deux choses : les épidémies épisodiques et la pression fiscale couplée à de mauvaises récoltes. Richelieu, qui n'est pas un financier de talent, reste inflexible sur les moyens d'accroître la gloire du royaume. La France vit d'emprunts contractés auprès des fermiers généraux ou encore de créations d'offices inutiles. Cette politique économique à court terme est désastreuse pour le peuple qui est véritablement saigné lorsque les récoltes se font mauvaises. Pourtant, le cardinal ne montre aucune compassion pour ceux qui servent l'État, et les révoltes sont durement réprimées. Il demeure donc très impopulaire auprès des masses qui ne parviennent toutefois pas à organiser une rébellion de grande ampleur. L'approche de l'armée royale suffit à calmer les foules et Richelieu ne s'inquiète dès lors pas de ces protestations qui ne constituent pas véritablement un danger.

En outre, le clergé dont il est pourtant issu ne lui pardonne pas sa politique de compromis entre le gallicanisme et l'ultramontanisme. Et les parlements, jaloux de ses prérogatives, causent des soucis au gouvernement au même titre que les gouverneurs qui rentrent souvent en rébellion avec la monarchie.

Peu avant son décès, Richelieu déjoue un dernier complot, et non des moindres : la conspiration de Cinq-Mars. Par le biais de plusieurs intermédiaires, Henri d'Effiat de Cinq-Mars (favori de Louis XIII, 1620-1642) réussit à rentrer en contact avec Olivares (1587-1645), le ministre espagnol rival du cardinal, et Gaston d'Orléans. Ensemble, ils fomentent un complot qui verrait Richelieu écarté du pouvoir et le frère du roi devenir lieutenant-général du royaume, promettant ainsi la paix avec l'Espagne. Les Espagnols rassemblent d'ailleurs une armée de 18 000 hommes à Sedan afin d'aider les conjurés une fois Richelieu écarté du pouvoir. Cependant, le cardinal et ses services de renseignements mettent la main sur une copie de l'accord passé entre les conjurateurs. Louis XIII se résout alors à agir contre son favori, et Cinq-Mars est arrêté et décapité le 12 septembre 1642.

Avant de mourir, soucieux de la continuité de sa politique et de son ministère, Richelieu recommande à Louis XIII Jules Mazarin pour lui succéder et diriger les affaires du royaume.

Une personnalité haïe du peuple

Richelieu demeure très impopulaire aux yeux du peuple. Les Français ne se trompent pas en le tenant pour responsable de la terrible politique fiscale du règne de Louis XIII. On lui reproche de plus d'avoir accumulé une fortune personnelle gigantesque alors que le peuple vit dans la pauvreté. La fortune du cardinal s'élève en effet à quelque 20 millions de livres, une somme colossale qui n'a d'égale que celle de Mazarin. Il n'est dès lors guère étonnant qu'à l'annonce de la mort du cardinal, les Français aient allumé des feux de joie un peu partout sur le territoire.

RÉPERCUSSIONS

UN ÉTAT CENTRALISÉ

Le long ministère de Richelieu a pour principal résultat de fortifier le pouvoir royal français. Il s'agit là de son plus grand projet. La fermeté avec laquelle sont traités les opposants de Louis XIII et du cardinal est exemplaire. Bon nombre de grands nobles séditieux sont exécutés sur l'autel de la raison d'État tant prônée par Richelieu.

La centralisation du pouvoir se traduit également par la mise en place de mesures administratives fondamentales : les intendants de province deviennent permanents en 1635, ce qui permet un contrôle plus strict de l'État. Tout cela participe d'un triomphe d'une forme d'absolutisme qui connaîtra toute sa gloire sous le règne de Louis XIV.

UNE IMPULSION ÉCONOMIQUE

Si la France connaît des difficultés économiques dont certaines sont dues aux guerres et à la politique européenne menées par Richelieu, quelques-unes des idées de ce dernier trouveront un écho sous le règne de Louis XIV. Ainsi, l'élan qu'il donne à la marine française et au commerce maritime se poursuit avec la création de compagnies marchandes (la compagnie de Saint-Christophe, la compagnie normande ou encore la compagnie des Cents-Associés).

LES COMPAGNIES COMMERCIALES

La vague de création de compagnies commerciales lancée par Richelieu a une importance capitale. Dans un contexte de colonisation des terres nouvellement découvertes (Canada, Afrique et Antilles), elles permettent de motiver les entreprises coloniales et l'exploitation des richesses naturelles. La plus connue d'entre elles, la compagnie des Cents-Associés, voit le jour le 29 avril 1627. Il s'agit de la première tentative durable de colonisation du Canada par la France.

La politique de Colbert (contrôleur général des finances, 1619-1683) reprend en effet en grande partie les visées maritimes du cardinal qui écrit dans son *Testament politique* que « la puissance des armes requiert non seulement que le roi soit plutôt fort sur la terre, mais elle veut en outre qu'il soit puissant sur la mer » (Richelieu (Armand-Jean du Plessis), *Testament politique*, Paris, Louis André, 1947, p. 408 et p. 440). Richelieu, convaincu que le commerce peut – et doit – rapporter au royaume, a bien compris l'importance de traiter commercialement avec les nouvelles terres découvertes. Louis XIV, qui bénéficie d'une situation financière plus favorable que son prédécesseur, peut ainsi bâtir l'une des plus puissantes flottes d'Europe, et Colbert ressusciter les compagnies marchandes initialement créées par le cardinal.

LA DIPLOMATIE

Lorsque Richelieu arrive au pouvoir en 1624, la France est encerclée d'ennemis et sa situation est délicate. C'est lui qui décide de pratiquer une politique extérieure agressive marquée par des guerres ouvertes, écartant du même coup le redressement financier du pays qui ne peut se faire en parallèle d'une stratégie aussi gourmande en ressources financières. À la fin de sa vie, le cardinal a réalisé un travail titanesque en ce domaine. La position de la France n'a plus rien à voir avec celle de 1624. Le royaume atteint désormais les Pyrénées, et le Nord de l'Italie est à nouveau sous l'influence française. En outre, la victoire de Rocroi remportée par le prince de Condé en 1643, qui sanctionne la fin de l'hégémonie espagnole en Europe, peut être considérée comme un résultat de sa politique. Le traité de Westphalie de 1648 qui prépare l'hégémonie française en Europe lui doit beaucoup également.

LA BATAILLE DE ROCROI

Le 19 mai 1643, les armées espagnoles de Francisco de Melo (1597-1651) assiègent la ville de Rocroi dans le cadre de la guerre de Trente Ans. L'armée de Picardie du duc d'Enghien (le futur Grand Condé) défait sévèrement les *tercios* (formation de fantassins espagnols), considérés comme invincibles du fait de leur puissante cavalerie. Le jeune général français y gagne une réputation de stratège qu'il confirmera par la suite.

D'un point de vue géopolitique, la bataille de Rocroi est un événement majeur qui sanctionne la fin de l'hégémonie espagnole en Europe et inaugure de façon heureuse la régence d'Anne d'Autriche et le règne du jeune Louis XIV.

UNE ACTIVITÉ RELIGIEUSE SOUS-ESTIMÉE

L'omniprésence de Richelieu dans la sphère politique ne doit pas faire oublier son action religieuse, qui ne se résume pas seulement à sa lutte avec le parti huguenot. Le cardinal participe pleinement à la réflexion théologique de son temps et essaie de rétablir l'unité religieuse du royaume par d'autres moyens que celui des armes. Il publie de nombreux ouvrages à cet effet, par exemple l'imposant Traité qui contient la méthode pour convertir ceux qui se sont séparés de l'Église. Sa modération lors de la résolution du problème protestant à La Rochelle en témoigne. Il sait utiliser la force, mais il est conscient que le problème calviniste ne peut être résolu que par la conversion des huguenots. L'héritage laissé par le Richelieu dans ce domaine tient jusqu'en 1685, date à laquelle Louis XIV décide de révoquer l'édit de Nantes et de mettre fin à la liberté de culte.

UN BÂTISSEUR PROLIFIQUE

Richelieu est la personnalité politique française qui a fait construire le plus de bâtiments, Louis XIV excepté. Il laisse ainsi une trace durable dans le paysage architectural français avec certaines entreprises majeures comme Sainte-Ursule de la Sorbonne. Mais sa plus grande initiative reste la création de l'Académie française, fondée officiellement en 1635 afin de normaliser la langue française. L'Académie jouit encore aujourd'hui d'un prestige immense, et a accueilli en son sein des personnages illustres comme Montesquieu (philosophe et penseur politique, 1689-1755), Chateaubriand (écrivain et homme politique, 1768-1848), Alexis de Tocqueville (homme politique et historien, 1805-1859), Louis Pasteur (chimiste et biologiste, 1822-1895), Georges Clemenceau (homme politique, 1841-1929) ou encore Marcel Pagnol (écrivain et cinéaste, 1895-1974).

LE CARDINAL À TRAVERS LES SIÈCLES

La perception du cardinal n'a cessé de changer au fil des siècles. Rares sont les personnalités politiques qui ont vu leur réputation et leurs actions être jugées de façon aussi variable. De son vivant, le cardinal est loin de faire l'unanimité au sein du peuple. Les lourds impôts en sont principalement la cause. C'est ce qui explique les scènes de liesses populaires à l'annonce de son trépas.

Dans l'imaginaire collectif des siècles suivants, en revanche, la figure de Richelieu semble figée dans la légende, prisonnière d'une réputation héroïque qui s'est peu à peu forgée après sa mort. Son image est intimement liée au régime que la France connaît. La littérature du XIXe siècle, toutefois, voit en lui un personnage froid, calculateur et n'ayant aucun remords à appliquer l'implacable raison d'État, sans juger pour autant ses aptitudes politiques à diriger le pays. Les historiens de la Troisième République (1870-1940), quant à eux, font volontiers de Richelieu le précurseur de l'unité du royaume, le défenseur des frontières naturelles et, enfin, le parangon de

la raison d'État à une époque où la France appa-
raît comme menacée dans son unité territoriale.
Cette raison d'État qui, selon la perception qu'on
en a au début du XXe siècle, guide toutes ses décisions. La connaissance du personnage est encore
biaisée par une héroïsation du cardinal en tant
que modèle de l'homme d'État national. Il faut
attendre la fin de la Seconde Guerre mondiale
(1939-1945) pour qu'il soit moins idéalisé.

Ces évolutions progressives ont débouché sur
le portrait nuancé que l'on peut aujourd'hui
brosser du ministre, et qui accorde une place
plus raisonnable à cette toute-puissante raison
d'État et remet en avant le statut ecclésiastique
du cardinal.

EN RÉSUMÉ

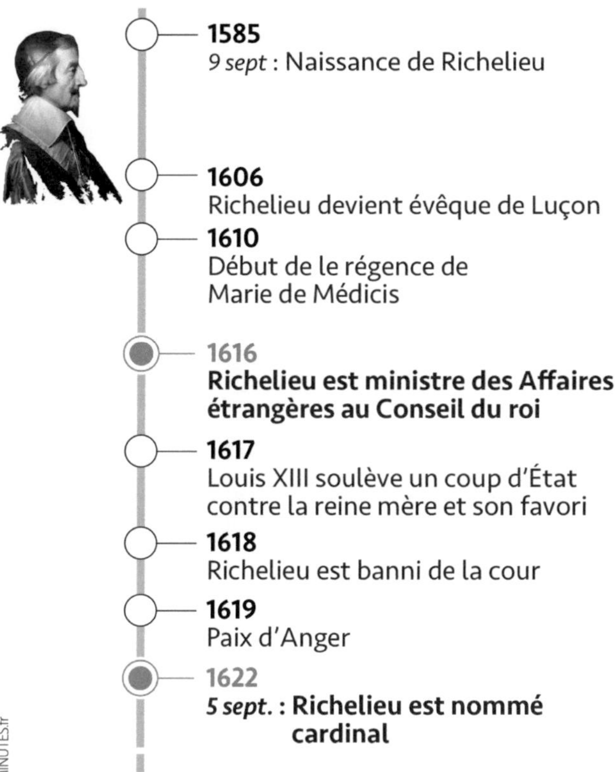

1585
9 sept : Naissance de Richelieu

1606
Richelieu devient évêque de Luçon

1610
Début de le régence de
Marie de Médicis

1616
**Richelieu est ministre des Affaires
étrangères au Conseil du roi**

1617
Louis XIII soulève un coup d'État
contre la reine mère et son favori

1618
Richelieu est banni de la cour

1619
Paix d'Anger

1622
5 sept. : **Richelieu est nommé
cardinal**

1624
Richelieu est nommé chef du Conseil

1628
Siège de La Rochelle

1631
Marie de Médicis fuit à Bruxelles

1642
Décès de Richelieu

- Richelieu, destiné au départ au métier des armes, est nommé évêque de Luçon par Henri IV en 1606, à 21 ans, alors qu'il ne possède pas de grade universitaire en théologie ni même l'âge légal pour obtenir ce type de statut.
- Sa carrière politique débute réellement en 1614 lorsqu'il est désigné représentant du clergé aux états généraux et porte-parole lors de la session de clôture. C'est là qu'il se fait remarquer de la reine mère qui lui promet le titre d'aumônier d'Anne d'Autriche.

- Alors qu'il s'élève dans la hiérarchie en s'attachant à Marie de Médicis et à Concini, Richelieu est contraint d'abandonner un temps la carrière politique et de s'exiler après l'assassinat de ce dernier et le désaveu de la reine mère.
- Profitant de sa relation privilégiée avec Marie de Médicis, il joue ensuite, avec succès, le médiateur entre la reine et son fils en 1619 et 1620, ce qui lui confère une réputation de diplomate compétent.
- Réconciliée avec son fils, la reine parvient à convaincre Louis XIII de donner à Richelieu le titre de cardinal en 1622 et à le faire entrer au Conseil deux ans plus tard, avant de lui en attribuer la direction la même année.
- Il commence son activité diplomatique dès sa prise de pouvoir et tisse des alliances avec les ennemis du Saint Empire romain germanique afin de contrebalancer la puissance des Habsbourg. À l'intérieur des frontières, il lutte efficacement contre les protestants, malgré le complot de Chalais qui attente à sa vie en 1626, et renforce son autorité.
- Richelieu accumule les succès : le parti huguenot est ruiné, il déjoue une nouvelle conspiration menée par Marie de Médicis, opposée à sa

politique, et la succession de Mantoue est une réussite pour le royaume qui reprend pied en Italie.

- La diplomatie du cardinal est sanctionnée par des victoires militaires importantes qui mettent la France dans une position préférentielle pour négocier une paix avec l'Empire. Les guerres successives ont cependant mis à mal l'économie du pays qui doit faire face à des contestations contre la fiscalité oppressante, et cela dès les années 1630.

- L'ultime victoire du cardinal se matérialise dans l'échec de la conspiration de Cinq-Mars qui veut porter atteinte à sa vie, peu avant la mort du prélat d'une tuberculose intestinale.

- Au fil du siècle, la perception de Richelieu n'a cessé d'évoluer : il est passé du personnage le plus haï de la nation à la figure héroïque qui a préparé la grandeur de la France.

Votre avis nous intéresse !
Laissez un commentaire sur le site de votre
librairie en ligne et partagez vos coups de cœur sur
les réseaux sociaux !

POUR ALLER PLUS LOIN

SOURCES BIBLIOGRAPHIQUES

- BERGIN (Joseph), *Pouvoir et fortune de Richelieu*, Paris, Robert Laffont, 1987.

- CARMONA (Michel), *La France de Richelieu*, Paris, Fayard, 1984.

- HILDESHEIMER (Françoise), *Richelieu*, Paris, Flammarion, 2004.

- HILDESHEIMER (Françoise), « Richelieu cardinal-ministre », in *Comptes rendus des séances de l'Académie des Inscriptions et Belles-Lettres*, 150e année, n° 1, 2006, p. 365-383.

- TEYSSIER (Arnaud), *Richelieu. La puissance de gouverner*, Paris, Michalon, 2007.

SOURCES COMPLÉMENTAIRES

- BERGIN (Joseph), *L'ascension de Richelieu*, Paris, Payot, coll. « Bibliothèque historique », 1994.

- JOUHAUD (Christian), « Le duc de l'archevêque : action politique, représentations et pouvoir au temps de Richelieu », in *Annales. Économies, sociétés, civilisations*, 41e année, n° 5, 1986, p. 1017-1039.

- RICHELIEU (Armand-Jean du Plessis), *Maximes d'État et fragments politiques*, Paris, Gabriel Hanotaux, 1880.

- « Testament politique du cardinal de Richelieu », in *Revue historique*, tome 165, 1930.

SOURCES ICONOGRAPHIQUES

- *Le Cardinal de Richelieu au siège de La Rochelle*, par Henri-Paul Motte, 1881. La photo reproduite est réputée libre de droits.

- *Armand Jean du Plessis, cardinal de Richelieu*, peinture de Philippe de Champaigne, vers 1640. La photo reproduite est réputée libre de droits.

LITTÉRATURE

- DUMAS (Alexandre), *Les Trois Mousquetaires*, 1860.

- VIGNY (Alfred de), *Cinq-Mars ou une conjuration sous Louis XIII*, 1867.

FILMS ET DOCUMENTAIRES

- *Les Trois Mousquetaires*, film réalisé par Richard Lester, avec Charlton Heston, Michael York, Faye Dunaway et Jean-Pierre Cassel, États-Unis, 1973.

- *Cardinal de Richelieu. Le ciel peut attendre*, documentaire *Secrets d'histoire* présenté par Stéphane Bern, France, 2013.

- *Richelieu, la Pourpre et le Sang*, téléfilm d'Henri Helman, avec Jacques Perrin, Pierre Boulanger et Stéphan Guérin-Tillié, France, 2014.

BÂTIMENTS COMMÉMORATIFS

- Le buste de Richelieu, 1640-1641, réalisé par le Cavalier Bernin, conservé au musée du Louvre, Paris.

- La statue du cardinal de Richelieu, 1675-1694, réalisée par François Girardon, conservée dans la chapelle de la Sorbonne, Paris.

- La statue du cardinal de Richelieu, 1828, réalisée par Claude Ramey à Richelieu.

- La statue de Richelieu, 1931, réalisée par Pierre Lenoir à Luçon.

www.50minutes.fr

ISBN ebook : 978-2-8062-6442-8
ISBN papier : 978-2-8062-6443-5
Dépôt légal : D/2015/12603/201
Photo de couverture : *Cardinal de Richelieu*,
Philippe de Champaigne, 1642.
© Wikimedia Commons/Domaine public.

Conception numérique : Primento,
le partenaire numérique des éditeurs